RATUS POCHE

COLLECTION DIRIGÉE PAR JEANINE ET JEAN GUION

Le cheval de Troie

Les histoires de toujours

- Icare, l'homme-oiseau
- Les aventures du chat botté
- Les moutons de Panurge
- Le malin petit tailleur
- Histoires et proverbes d'animaux
- Pégase, le cheval ailé
- Le cheval de Troie
- Arthur et l'enchanteur Merlin
- La légende des santons de Provence
- Les malheurs du père Noël
- À l'école de grand-père
- L'extraordinaire voyage d'Ulysse
- Les douze travaux d'Hercule
- Les folles aventures de Don Quichotte
- Les mille et une nuits de Shéhérazade
- La malédiction de Toutankhamon
- Christophe Colomb et le Nouveau Monde

 ISSN 1259 4652, ISBN 978-2-218-74548-5

Le cheval de Troie

D'après la légende grecque

Un récit d'Hélène Kérillis
illustré par Erwan Fages

Hatier
jeunesse

Ulysse
Agamemnon
Ménélas

Les personnages de l'histoire

1

La nuit était calme. Pas un bruit. Pas
un souffle. Dans le camp des Grecs, des
sentinelles gardaient les tentes. Une 1
ombre glissa dans un rayon de lune,
traversa une allée, puis disparut dans
l'obscurité. Elle se dirigeait vers le rivage,
où les proues des navires grecs se 2
détachaient, toutes noires sur le ciel
sombre. Çà et là, un éclat d'argent brillait
sur la mer. L'ombre essaya de monter à
bord.

– Halte ! Qui va là ?

Une sentinelle venait de surgir.

– C'est Ménélas, ton roi, répondit l'ombre.

Ménélas monta sur la passerelle et alla s'asseoir à la proue de son navire. De là, il distinguait les murailles de Troie, la plus puissante cité de l'Asie. Plus loin, il apercevait l'immense palais de Priam, le roi des Troyens. Ménélas serra les poings. Là, dormait sa femme, la belle Hélène. Elle s'était enfuie avec le fils de Priam et les Grecs, furieux, avaient déclaré la guerre
à Troie. Ils assiégeaient la cité depuis 3
bientôt dix ans.

Un jour, les Grecs réussiraient enfin à prendre la ville. Ce jour-là, Ménélas retrouverait Hélène et il la tuerait…

– Ménélas ? appela une voix.

Une peau de lion jetée sur l'épaule, Agamemnon monta sur le pont du navire. C'était le chef de l'armée.

– Comme moi, tu n'arrives pas à dormir,

remarqua Ménélas tandis qu'Agamemnon s'installait à côté de lui.

– Les soucis rongent mon cœur jour et nuit, avoua le chef de l'armée. Les dieux immortels ne nous donnent pas la 4
victoire. Nos bateaux pourrissent. Nos hommes souffrent.

Ménélas soupira.

– Mais si nous renonçions, reprit 5
Agamemnon, quelle honte pour nous, les Grecs !

Longtemps, les deux hommes restèrent assis côte à côte. Puis le ciel pâlit.

Agamemnon remarqua :

– L'aube va paraître. Que décider ?

– Demandons au prêtre Calkas, répondit Ménélas. Il devine le futur. Il nous dira ce que les dieux ont décidé pour les Grecs et pour Troie.

Peu après, on dressa sur le rivage un
autel où brûlait le feu sacré. Le vent 6
s'était levé, tordant la flamme jaune.
Face à la mer, les rois attendaient : Ulysse
aux mille ruses, le blond Ménélas et 7
Agamemnon le plus grand de tous.
On apporta un agneau préparé pour
le sacrifice : des bandelettes blanches 8
entouraient sa tête. Le prêtre Calkas
s'avança, ses longs cheveux de neige
flottant dans le vent.

– Athéna, déesse qui protège les Grecs ! Dis-moi si Troie sera vaincue ! s'écria le prêtre.

Puis il renversa en arrière le cou de l'agneau et lui trancha la gorge. Le sang tacha de rouge les bandelettes. Calkas examina la victime et déclara :

– Un jour, les Grecs prendront la cité de

Troie, non par la force, mais grâce à une ruse ! Tel est l'avis que nous donnent les dieux immortels.

– Une ruse... songea Ulysse.

Et déjà les pensées se bousculaient dans sa tête. Agamemnon lui demanda :

– As-tu une idée ? De nous tous, c'est toi qui as le plus d'imagination.

– Avec l'aide des dieux, je trouverai ! s'exclama Ulysse.

Quel est le rêve d'Ulysse ?

2

La nuit suivante, la déesse Athéna quitta le ciel et vint se pencher au-dessus d'Ulysse endormi. Elle souffla sur ses yeux fermés. Alors le rêveur vit apparaître une plage déserte et une cité dont les murailles étaient faites de sable. Soudain, une machine articulée accourut, pliant et dépliant ses pattes de bois dans un galop silencieux. C'était un cheval géant. L'animal se dressa sur ses pattes arrière et fit s'écrouler sous lui les remparts de sable.

Ulysse se réveilla en sursaut.

Agamemnon et Ménélas s'étonnèrent quand il leur raconta son rêve.

– Un cheval de bois ? Mais comment nous donnerait-il la victoire ?

– Construisons un cheval creux, plus haut que les plus hautes portes de Troie. Cachons dedans nos meilleurs guerriers. Les Troyens détruiront leurs murailles pour faire entrer ce cheval dans leur cité. Alors nous les attaquerons !

– Détruire leurs propres murailles ! s'écria Agamemnon. À moins d'être aveuglés par un dieu, jamais ils ne feront pareille folie !

Ulysse hocha lentement la tête :

– Avec l'aide d'Athéna, je me charge de les aveugler… répondit-il sur un ton mystérieux.

Pendant des semaines, le camp des Grecs retentit de coups de haches. On
travaillait jour et nuit. On tailla le socle 9

du cheval, ses pattes et son ventre. On sculpta sa crinière, ses naseaux, ses paupières. Enfin le cheval géant se dressa sur le rivage, ses gros yeux de bois fixés sur l'horizon.

Du haut de leurs remparts, les Troyens observaient l'étrange construction. À quoi pouvait-elle bien servir ?

Un soir, ils virent les Grecs quitter leur camp : ils embarquèrent armes et provisions, ils incendièrent vieilles tentes et palissades, puis ils montèrent dans leurs navires.

Sur le rivage, la fumée s'étendait au-dessus du camp incendié. Le cheval que les Grecs avaient abandonné, immense, semblait surgir des nuages et menacer la cité.

Et ce fut la nuit. Nuit deux fois noire pour Ménélas, Ulysse et leurs hommes qui s'étaient cachés dans le cheval de bois, entassés dans de la paille qui étouffait les bruits.

– Demain, les Troyens viendront bourdonner autour du cheval, comme une nuée de mouches, s'exclama Ulysse. En attendant, dormons !

Ulysse se tut. Si sa ruse échouait, ses guerriers mourraient tous, massacrés par les Troyens. Mais si le cheval entrait dans Troie, quelle victoire pour les Grecs !

3

Le lendemain, dans une chambre du palais de Priam, une servante réveilla Hélène :

– Ils sont partis ! Ils sont partis ! répétait-elle, toute joyeuse.

Hélène courut à la fenêtre. D'habitude, elle voyait chaque jour les guerriers grecs dans la plaine où ils avaient établi leur camp, la plage couverte de bateaux et la mer infinie. Mais ce matin-là, la mer était vide, la plage était déserte, la plaine était nue. Seule une immense statue, un cheval, dominait les restes du camp grec.

Brusquement, les larmes se mirent à couler sur les joues d'Hélène. Tant que les

Qu'a vu Hélène depuis sa fenêtre ?

Grecs avaient assiégé la cité, elle avait eu peur de la guerre, comme les Troyens. Mais surtout peur de Ménélas : il devait la détester depuis qu'elle l'avait quitté pour le fils de Priam. Maintenant, les navires s'étaient éloignés et elle avait perdu tout espoir de revoir son pays, la Grèce. Hélène se rappela son enfance, les collines peuplées de chèvres sauvages, l'ombre fraîche du figuier au coin de la terrasse, son mariage avec Ménélas… Tout cela était perdu à jamais. Dans son cœur bouleversé, Hélène ne voyait plus clair.

De partout, des cris de joie s'élevaient :

– À nous la victoire ! Les Grecs sont partis ! On les a vaincus !

Les Troyens couraient aux portes de la cité. Après tant d'années, quel plaisir de marcher à nouveau sur la plage, quel plaisir de regarder l'horizon libéré !

Hélène quitta la fenêtre, s'habilla et descendit vers la ville basse. Elle dépassa quelques vieillards qui venaient aux nouvelles.

– Quelle démarche ! Quelle grâce ! disaient-ils en la voyant passer.

Elle était si belle ! Ils en oubliaient qu'elle était la cause de la guerre.

Hélène rejoignit la foule, au pied du cheval. Les sabots, le poitrail, la tête fièrement dressée vers le ciel, tout donnait une impression de puissance et de force. Pas un frémissement. Et pourtant, Hélène avait l'impression que l'animal respirait. Mais elle ne dit pas un mot.

Autour d'elle, on s'interrogeait :

– Est-ce l'œuvre des dieux ou des hommes ?

– Regardez ! Une inscription !

Gravées sur les flancs de l'animal, des lettres formaient le nom d'Athéna, la déesse protectrice des Grecs. Les Troyens comprirent vite que leurs ennemis lui avaient offert ce cheval pour rentrer sains
et saufs dans leur patrie. 11

– Détruisons-le ! Sans la protection
d'Athéna, ils feront naufrage ! hurlèrent 12
les uns.

Les autres étaient plus habiles :

– Offrons ce cheval à nos dieux !

C'est alors que le roi Priam apparut. Le grand prêtre Laocoon et ses deux fils l'accompagnaient. Immédiatement, la foule se tut. Le prêtre fit lentement le tour du cheval, tâtant les pattes, le ventre, aussi haut que ses mains pouvaient atteindre. Puis il se tourna vers les Troyens et gronda

Quelle arme va saisir Laocoon ?

d'une voix terrible :

– Arrière, malheureux ! Quelle folie est la vôtre ? Je crains les Grecs, surtout quand ils font des cadeaux !

La foule reculait, saisie de frayeur.

– Si ce cheval entre dans la cité, continua Laocoon, je vous prédis que Troie périra dans un bain de sang, de larmes et de cendres !

Et, saisissant un long javelot, il le lança 13
de toutes ses forces dans le flanc arrondi de l'animal. La pointe entra profondément dans le bois. Dans un silence de mort, les Troyens entendirent le cheval résonner, tandis que la pique continuait de vibrer.

Alors ce fut un seul cri :

– Détruisons-le !

4

Assis à l'intérieur du ventre de bois, Ulysse, Ménélas et leurs compagnons écoutaient de toutes leurs oreilles. Les Troyens allaient-ils allumer un feu sous le cheval ? Ou bien l'attaquer à coups de haches ? Ou bien le pousser à la mer ? Les guerriers d'Ulysse murmuraient :

– Ouvrons la trappe ! Sautons et battons-nous jusqu'au dernier, plutôt que de mourir au fond de ce coffre !

Ulysse secouait la tête.

– Pas encore… Pas encore… semblait-il dire.

Soudain, il se redressa et fit taire les murmures. Il entendait maintenant les

Troyens pousser des cris de terreur :

– Regardez la mer ! Nous sommes perdus !

– Dieux immortels ! Venez à notre aide !

Un bruit de piétinement ébranla le sol comme au passage d'un troupeau affolé. Les gens s'enfuyaient. Puis sur la plage, ce fut le silence. Ulysse entendait seulement le murmure de la mer. Que se passait-il donc ?

Brusquement, une énorme vague éclata sur le rivage. Dominant le fracas de l'eau, un rugissement de bête fauve déchira l'air. Le cœur battant, Ulysse plaqua son oreille contre la paroi du cheval. Il entendit la bête qui glissait sur le sable et, tout contre
le cheval, la respiration de gens terrifiés. 14

– Arrière ! Monstre ! hurla le prêtre Laocoon.

.....

Que voit Ulysse sur la plage ?

– Père ! Au secours ! supplièrent les voix de deux jeunes garçons.

Il y eut un bruit de bataille sauvage : des coups sourds écrasaient les chairs, ou, manquant leur but, sonnaient sur le bois. Peu à peu les hurlements devinrent des gémissements de douleur. Puis plus rien.

Grimpant sur les épaules d'un de ses compagnons, Ulysse regarda à travers une fente du bois. Un frisson glacé le secoua tout entier. Laocoon et ses fils étaient couchés sur le sable, morts. Leur corps était zébré de traces violettes, larges comme la main. Sur la plage, un monstre marin déroulait ses anneaux, sa queue de serpent battant les vagues. Ulysse vit le museau couvert d'écailles se pencher et frôler la construction de bois. Une poussée du monstre, et le cheval serait jeté à terre. Mais l'animal détourna la tête et ondula jusqu'à la mer. Avec un dernier rugissement, il disparut dans une gerbe d'écume dont les gouttes vinrent tambouriner sur le cheval.

Ulysse se laissa retomber dans la paille.

– Les dieux immortels nous viennent en aide. Après une terreur pareille, les Troyens seront sans défense face à la ruse que je leur ai préparée !

Les Grecs entendirent les habitants de Troie se risquer à nouveau sur la plage. Le roi Priam parla d'une voix que l'émotion faisait encore trembler :

– Les dieux ont puni Laocoon. Il a commis un sacrilège en perçant de son javelot le cheval offert à la déesse Athéna !

Soudain, il y eut un mouvement de

foule. Des gardes amenaient un prisonnier au roi :

– On a trouvé ce Grec dans les champs près de la cité ! s'écrièrent-ils.

Ulysse sourit dans l'ombre :

– Enfin ! Voilà notre ami Sinon ! murmura-t-il.

Il l'imaginait tel qu'il l'avait déguisé : le visage et les épaules meurtris de coups, le front couvert de bandelettes comme une victime destinée au sacrifice, une corde aux poignets.

Les Troyens lançaient des injures au prisonnier. Mais Sinon se jeta aux pieds de Priam et le supplia d'une voix entrecoupée de sanglots. Il répétait la leçon apprise avec Ulysse :

– Pitié ! Les Grecs ont voulu me sacrifier pour que les vents les ramènent dans leur

Qui est le vrai Sinon ?

pays. Mais j'ai arraché mes liens… Je me suis sauvé… Pitié ! Ne me tuez pas !

– Lève-toi, répondit le vieux roi. Nous te laisserons la vie sauve, à une condition. Dis la vérité. Pourquoi les Grecs ont-ils construit un cheval aussi grand ?

– C'est un cadeau que les Grecs ont offert à Athéna. Mais notre prêtre Calkas a dit que si cette statue entrait dans votre cité, vous viendriez un jour conquérir la Grèce et vous seriez vainqueurs. C'est pourquoi le cheval est plus haut que les plus hautes portes de Troie.

Ulysse retenait son souffle. Sa ruse allait-elle enfin réussir ?

Soudain, des frottements résonnèrent sur le bois. On passait des cordes autour de l'encolure et des pattes du cheval. Un mouvement brutal fit pencher l'animal, jetant les guerriers grecs les uns sur les autres. Ulysse comprit qu'on avait placé des roues sous le socle. L'énorme cheval se mit à avancer…

5

Un dernier coup de pioche, et les pierres roulèrent sur le côté : les Troyens venaient d'abattre une partie de leurs remparts. La foule lança un cri de joie. Poussé, tiré, hissé, le cheval monta lentement, passant dans les ruelles étroites, écornant ici un mur, là une toiture.

Enfin le monument de bois se dressa sur la Grande Place, devant le palais de Priam. En grande cérémonie, on remercia les dieux immortels qui avaient donné la victoire aux Troyens. Déjà c'était le soir. Dans les rues, on accrochait des guirlandes de feuillages et de fleurs, on

D'après Cassandre, que va-t-il arriver ?

préparait des torches, on installait des tables pour une fête qui allait durer toute la nuit. La ville entière résonnait de chants et de rires.

Soudain, Cassandre, la plus belle fille de Priam, apparut en haut des marches du palais. Elle avait le don de voir l'avenir. Quand elle aperçut le cheval, elle eut un geste d'horreur.

– Je les vois ! cria-t-elle, comme dans un cauchemar. Ils tuent, ils pillent, ils brûlent ! Je vois les rues éclaboussées de rouge !

Un instant, la foule se tut. Cassandre continuait d'une voix rauque :

– J'entends des plaintes, des cris, des pleurs ! C'est la mort pour nous tous !

Mais personne ne voulut la croire. Sauf Hélène. Elle la prit par la main et la ramena dans sa chambre. La malheureuse se tassa dans un recoin. Hélène s'assit en face d'elle, le cœur battant.

– Troie sera détruite cette nuit, se répétait Cassandre, épouvantée.

Un grand frisson secoua Hélène. Il lui semblait déjà voir les Grecs qui la cherchaient, l'épée à la main.

Il faisait nuit. Les Troyens avaient longtemps bu et dansé. Maintenant, ils étaient étendus là où le sommeil les avait pris : sur les sièges du banquet, près des fontaines, au coin des portes, dans les jardins baignés de lune.

Des gardes sommeillaient devant les remparts, en partie reconstruits. D'autres se tenaient aux entrées du palais et sur la Grande Place où le cheval se dressait.

Hélène se faufila hors du palais. Elle

aperçut une silhouette qui glissait entre les colonnes entourant la place, qui tournait autour du cheval, mais qui n'osait pas s'approcher, à cause des gardes. Hélène reconnut le Grec Sinon. Avec son aide, elle pourrait peut-être échapper à la mort. Elle le rejoignit silencieusement et murmura :

– Sinon ! C'est moi, Hélène…

Sinon leva le bras. Un poignard brilla dans sa main.

– Non ! jeta Hélène en se protégeant la tête. Pense à la colère de Ménélas. Lui seul a le droit de me tuer !

Le poignard hésita puis retomba sans toucher Hélène.

– Face de chienne ! s'écria Sinon. Tu as trahi ta patrie ! Que viens-tu faire ici ? 16

– Si tu veux t'approcher du cheval sans

Où Hélène doit-elle allumer une torche ?

danger, laisse-moi écarter les gardes : j'ai compris que les dieux immortels vous donneront la victoire grâce à lui. En échange, promets-moi de me conduire saine et sauve jusqu'à Ménélas !

Sinon hésita. Il se méfiait d'Hélène. Mais le temps pressait. Il fallait agir avant l'aube.

– Bien ! Renvoie les gardes, puis monte sur la plus haute terrasse du palais et allume une torche face à la mer. Quand tout sera fini, je viendrai te chercher.

Maintenant, la torche brille en haut du palais. C'est le signal. Le plan d'Ulysse peut enfin être exécuté. La mer se couvre de bateaux : les Grecs qui s'étaient cachés derrière l'île de Ténédos reviennent vers Troie. Ils débarquent. Pendant ce temps,

Sinon court au cheval de bois. Il frappe sur les flancs en appelant Ulysse. Aussitôt, une trappe bascule. Une échelle de corde tombe. Une tête jaillit et tous les guerriers descendent. Les uns courent ouvrir les portes de la cité à leurs compagnons. Les autres tuent sans bruit les gardes postés devant le palais.

Alors, comme un torrent, les guerriers grecs envahissent Troie en hurlant des cris de mort. Les Troyens tombent. Les murs du palais s'effondrent. Bientôt le roi Priam est couché dans une flaque de sang, ses fils et ses gardes tués autour de lui. Le feu est partout. Il saute, il bondit, il dévore tout avec un ronflement de bête. Dans un nuage de poussière, les Grecs finissent de renverser Troie, la plus grande cité de l'Asie.

Voici l'aube. Sous des tentes, les vainqueurs ont rassemblé les femmes captives et les trésors arrachés à Troie : vases d'or massif, statues, bijoux, étoffes précieuses.

Sinon vient chercher une femme qui se tient à l'écart, le visage caché sous un voile. Avec elle, il traverse le camp, passant entre les morts et les blessés étendus à terre. Enfin, il s'arrête au pied d'un tas de ruines, arrache le voile qui cache sa prisonnière et crie en la poussant devant lui :

– Voici la cause de tous nos malheurs !

Ménélas surgit, le visage noirci, la cuirasse éclaboussée de sang. Il hurle :

– Hélène ! Femme maudite !

Il la saisit par les cheveux et lève son épée.

Qu'arrive-t-il à Hélène ?

– Tue-moi ! Tu en as le droit ! murmure Hélène, son visage pressé contre la poitrine de Ménélas. Mais sache que je t'aime toujours…

L'arme tremble. Comme les yeux d'Hélène sont beaux ! Comme son cou est blanc ! Et son cœur, comme il bat fort !

Ménélas jette son épée. Il serre Hélène dans ses bras.

Derrière eux, une crête de feu finit de brûler sur les ruines. Une cité puissante a été renversée. Des milliers d'hommes et de femmes sont morts. Mais les dieux immortels ont rendu Hélène à Ménélas.

1

des **sentinelles**
Des soldats chargés de surveiller le camp.

2

la **proue**
La partie avant d'un navire.

3

ils **assiégeaient**
Ils faisaient la guerre en bloquant les sorties de la ville.

4

immortel
Qui ne peut pas mourir.

5

si nous **renoncions**
Si nous abandonnions.

6

un **autel**
Sorte de table pour les cérémonies religieuses.

7

aux **mille ruses**
Ulysse est très habile, très malin et il trouve toujours une idée pour gagner.

8

le **sacrifice**
Les Grecs tuent un animal pour l'offrir à leurs dieux.

9

un **socle**
Ce qui est entre le sol et la statue.

10

pas un frémissement
Le cheval ne bouge pas du tout.

11

sains et saufs
Ils sont vivants et en bonne santé.

12

faire **naufrage**
Couler au fond de l'eau.

13

un **javelot**
Sorte de lance.

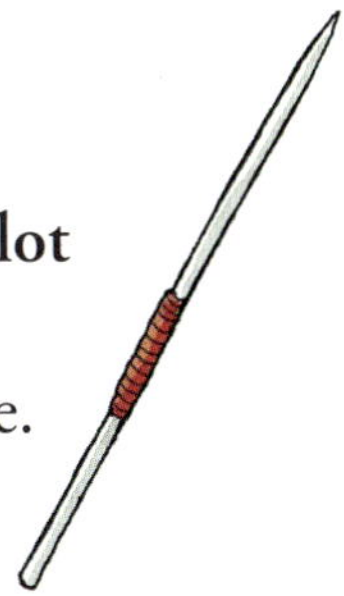

14

terrifié
Qui a très, très peur.

15

un **sacrilège**
Un crime contre les dieux.

16

tu as **trahi**
Tu as abandonné ton roi et ton pays.

Les aventures du rat vert

- 1 Le robot de Ratus
- 3 Les champignons de Ratus
- 6 Ratus raconte ses vacances
- 7 Le cadeau de Mamie Ratus
- 8 Ratus et la télévision
- 15 Ratus se déguise
- 19 Les mensonges de Ratus
- 21 Ratus écrit un livre
- 23 L'anniversaire de Ratus
- 26 Ratus à l'école du cirque
- 29 Ratus et le sapin-cactus
- 36 Ratus et le poisson-fou
- 39 Noël chez Mamie Ratus
- 40 Ratus et les puces savantes
- 46 Ratus en ballon
- 47 Ratus père Noël
- 50 Ratus à l'école
- 54 Un nouvel ami pour Ratus
- 57 Ratus et le monstre du lac
- 61 Ratus et le trésor du pirate
- 67 Les belles vacances de Ratus
- 71 La cabane de Ratus
- 73 Ratus court le marathon
- 75 Ratus fait du surf
- 76 Ratus joue aux devinettes
- 79 Ratus à la fête des amoureux

- 1 Ratus chez le coiffeur
- 2 Ratus et les lapins
- 3 Les parapluies de Mamie Ratus
- 9 Ratus aux sports d'hiver
- 13 Ratus pique-nique
- 23 Ratus sur la route des vacances
- 27 La grosse bêtise de Ratus
- 31 Le secret de Mamie Ratus
- 38 Ratus chez les robots
- 41 Ratus à la ferme
- 46 Ratus champion de tennis
- 56 Ratus et l'œuf magique
- 60 Ratus et le barbu turlututu
- 64 Ratus chez les cow-boys
- 66 Le jeu vidéo de Ratus

- 5 Les fantômes de Mamie Ratus
- 8 La classe de Ratus en voyage
- 12 Ratus en Afrique
- 16 Ratus et l'étrange maîtresse
- 26 Ratus à l'hôpital
- 29 Ratus et la petite princesse
- 31 Ratus et le sorcier
- 33 Ratus gardien de zoo
- 47 En vacances chez Ratus
- 52 Ratus le chevalier vert

Super-Mamie

- 42 Super-Mamie et le dragon
- 44 Les farces magiques de Super-Mamie
- 48 Le drôle de cadeau de Super-Mamie
- 59 Super-Mamie et le coiffeur fou
- 80 Mille bonbons pour P'tit Baboul !

- 42 Au secours, Super-Mamie !
- 45 Super-Mamie et la machine à rétrécir
- 57 Super-Mamie, dentiste royale
- 62 Le Grand Baboul fait la classe

Les histoires de toujours

- 27 Icare, l'homme-oiseau
- 32 Les aventures du chat botté
- 35 Les moutons de Panurge
- 37 Le malin petit tailleur
- 41 Histoires et proverbes d'animaux
- 49 Pégase, le cheval ailé
- 26 Le cheval de Troie
- 43 La légende des santons de Provence
- 49 Les malheurs du père Noël
- 52 À l'école de grand-père
- 21 L'extraordinaire voyage d'Ulysse
- 36 Les douze travaux d'Hercule
- 46 Les mille et une nuits de Shéhérazade
- 49 La malédiction de Toutankhamon
- 50 Christophe Colomb et le Nouveau Monde
- 53 Des dieux et des héros
- 54 Des monstres et des héros

Ralette, drôle de chipie

- 10 Ralette au feu d'artifice
- 11 Ralette fait des crêpes
- 13 Ralette fait du camping
- 18 Ralette fait du judo
- 22 La cachette de Ralette
- 24 Une surprise pour Ralette
- 28 Le poney de Ralette
- 38 Ralette, reine du carnaval
- 45 Ralette, la super-chipie !
- 51 Joyeux Noël, Ralette !
- 56 Ralette, reine de la magie
- 62 Ralette et son chien
- 70 En voiture, Ralette !
- 4 Ralette n'a peur de rien
- 6 Mais où est Ralette ?
- 44 Les amoureux de Ralette

L'école de Mme Bégonia

- 11 Drôle de maîtresse
- 33 Un chien à l'école

La classe de 6^e^

- 44 La classe de 6e au Puy du Fou
- 48 La classe de 6e contre les troisièmes

Collection Ratus Poche

Collection Ratus Poche

Les imbattables

- 54 La rentrée de Manon
- 55 Le chien de Quentin
- 61 Le courage de Manon
- 63 Le mystère du cheval sauvage
- 65 Les éléphants en danger
- 67 Manon et le bébé loup
- 68 Les imbattables aux jeux olympiques
- 69 Le mystérieux nouveau

Baptiste et Clara

- 30 Baptiste et le requin
- 40 Clara et la robe de ses rêves
- 51 Clara et le secret de Noël
- 53 Les vacances de Clara
- 59 Clara fait du cinéma
- 38 Clara superstar
- 41 Clara et le garçon du cirque
- 43 Clara, reine des fleurs
- 45 Clara et le cheval noir
- 51 Clara et le dauphin

Francette top secrète

- 52 Mystère à l'école
- 53 Drôle de momie !
- 55 Mission Noël
- 58 Enquête à quatre pattes
- 60 Le fantôme de Trucmachin
- 64 Vacances au Pouloulou
- 68 Justin à la folie
- 74 Macaroni super agent secret
- 78 L'arbre magique

M. Loup et Compagnie

- 63 Mission petite souris
- 65 SOS, père Noël !
- 66 Trop bon, le dinosaure !
- 69 Attention, ouistiti !
- 72 M. Loup, nounou d'enfer !
- 77 M. Loup, super-pompier

Conception graphique couverture : Pouty Design
Conception graphique intérieur : Jean Yves Grall • mise en page : Atelier JMH

Imprimé en France par Pollina, 85400 Luçon - L68664
Dépôt légal : n°74548-5/11 - mai 2014

PAPIER À BASE DE FIBRES CERTIFIÉES

Hatier s'engage pour l'environnement en réduisant l'empreinte carbone de ses livres. Celle de cet exemplaire est de : 250 g éq. CO_2
Rendez-vous sur www.hatier-durable.fr

IMPRIM'VERT®